Inhalt

Informationen für das Sourcing - Preis allein reicht nicht mehr

Kernthesen

Beitrag

Fallbeispiele

Weiterführende Literatur

Impressum

Informationen für das Sourcing - Preis allein reicht nicht mehr

I.Zeilhofer-Ficker

Kernthesen

- Vor allem in Krisenzeiten zeigt sich oft, dass es fatale Folgen haben kann, wenn man Schlüssellieferanten hauptsächlich nach dem Gesichtspunkt des Preises auswählt.
- Neben der Betrachtung der Produktkosten nach dem Total-Cost-of-Ownership-Prinzip muss eine detaillierte Risikobewertung des oder der Lieferanten durchgeführt werden.
- Damit die strategisch richtigen Entscheidungen für das Sourcing getroffen werden können, sind alle Informationen aus den unternehmenseigenen Systemen, aus

Lieferanteninformationssystemen, elektronischen Marktplätzen und anderen Quellen in Betracht zu ziehen.
- Kritische Voraussetzungen wie zum Beispiel hinsichtlich des Arbeits- oder Umweltschutzes oder der Compliance sind vor Ort über regelmäßige Audits zu überprüfen.

Beitrag

Im Einkauf liegen Risiken

Im globalen Einkauf liegen immer noch große Chancen, aber auch jede Menge Risiken. Wie sich in den jüngsten Krisenjahren gezeigt hat, kann die Insolvenz eines Schlüssellieferanten für ein Unternehmen eine ernste Existenzbedrohung darstellen. Notfallpläne sollten zumindest vorhanden sein. Doch nicht nur dieser schlimmste aller Fälle muss als Risiko in Betracht gezogen werden. Nach wie vor liegt der Schwerpunkt im operativen Einkauf bei Preisen, Qualität und Terminen. Informationen über Preise und Termine sind in der Regel vom Lieferanten relativ leicht einzuholen. Ob den Qualitätsanforderungen entsprochen werden wird, ist aber vor allem bei neuen Lieferanten schon schwieriger einzuschätzen. (1)

Da Musterlieferungen nicht immer auf die Qualität von Großserien schließen lassen, muss der Einkäufer sorgfältig alle Informationen prüfen, die er über den potenziellen Lieferanten bekommen kann. Denn sollte die finanzielle Ausstattung eher dünn sein, könnte sich das in der Qualität der Lieferungen niederschlagen. Mangelt es an qualifizierten Arbeitskräften, können sich Liefertermine verschieben. Hält sich der Lieferant nicht an die allgemein gültigen Umweltschutz- oder Gefahrstoffvorschriften oder missachtet er die Menschenrechte, sind Probleme mit Nichtregierungsorganisationen programmiert. Produktpiraterie ist ebenfalls eine Gefahr, die man nicht außer Acht lassen darf. (1)

Auf der Kostenseite muss eine detaillierte Total-Cost-of-Ownership-Berechnung durchgeführt werden, in die nicht nur Transportkosten, Zölle und Zahlungsbedingungen einfließen, sondern auch Kosten, die durch die Lieferantenunterstützung, die Qualitätssicherung, Fehlerverhütung und eventuell höhere Lagerbestände zur Risikoabsicherung entstehen. (2)

Vor allem neue Lieferanten in Schwellen- und Entwicklungsländern brauchen häufig eine enge Begleitung in der Qualifizierungsphase, wofür Fachpersonal vor Ort vorgehalten werden muss. (3)

Neben der Begutachtung der Verhältnisse direkt vor Ort sollten zur umfassenden Risikobewertung des Lieferanten alle Informationsquellen genutzt werden, die verfügbar sind. Das können veröffentlichte Geschäftsberichte ebenso sein wie Selbstauskünfte, Lieferantenbewertungen, Benchmarking-Analysen, Einkaufsnetzwerke, Fachzeitschriften oder Suchmaschinen. Auch Schufa-Auskünfte gibt es mittlerweile nicht nur über Privatpersonen, sondern auch über Unternehmen. Jede Information sollte zur Risikobewertung herangezogen werden. (3), (4)

Bei bestehenden Geschäftsbeziehungen lohnt sich meist der Blick in die eigenen Informationssysteme. Gibt es vermehrt Abweichungen von Lieferterminen oder Liefermengen, häufen sich Qualitätsprobleme oder drängt der Lieferant auf sofortige Zahlung, können dies Indikatoren sein, dass der Lieferant in eine finanzielle Schieflage geraten ist. Die Etablierung eines Frühwarnsystems für solche Fälle kann ernsthafte Probleme vermeiden helfen. (5)

Systeme und Daten - auch für die operative Beschaffung unverzichtbar

Im operativen Tagesgeschäft leisten elektronische Marktplätze bzw. Sourcing-Plattformen gute Dienste.

Hier lassen sich detaillierte Ausschreibungen platzieren, häufig inklusive genauer Spezifikationen oder Konstruktionszeichnungen. Über den Marktplatz werden Lieferanten gefunden, die das entsprechende Know-how, den notwendigen Maschinenpark und die Kapazität verfügbar haben. Auf der Plattform kann der Preisvergleich, die Lieferantenauswahl, die Vertragsgestaltung bis hin zur Zahlungsabwicklung durchgeführt werden. Eine Anbindung an die ERP von Kunde und Lieferant ist ebenfalls möglich. (6), (7)

Bestellungen bei qualifizierten Lieferanten sind über eine Plattform in der Regel einfacher; außerdem entstehen geringere Prozess- und Transaktionskosten. Zudem können durch die Nutzung von Marktplätzen neue Lieferantenbeziehungen angebahnt werden. Da der Einkäufer auch Angebote von Unternehmen erhält, mit denen (noch) nicht gearbeitet wird, erhält er einen Überblick über aktuelle Marktpreise. So kann er sicherstellen, dass eventuelle Kostensenkungspotenziale auch realisiert werden. (7), (8)

Hilfreich ist aber oft auch schon der Blick auf das eigene Beschaffungs- und Finanzsystem. Nur wenn harmonisierte Daten im Lieferanteninformationssystem die aktuelle Situation widerspiegeln, kann der Einkäufer sicher sein, die richtigen Mengen und Konditionen zu verhandeln. Lieferanten müssen richtig zugeordnet, Mengen korrekt aufsummiert und Lieferungen den entsprechenden Warengruppen zugeordnet sein, damit sich mögliche Synergiepotenziale erschließen. (9)

Lieferantenqualifizierung durch Audits

Die meisten Kunden sind heutzutage sehr kritisch, was Waren anbelangt, die möglicherweise durch Kinderarbeit hergestellt wurden oder deren Produktionsmethoden nicht den gängigen Umweltstandards entsprechen. Gerade in Ländern der dritten Welt, aber auch in China und Indien sind rührige Unternehmer gerne bereit, das Blaue vom Himmel herunter zu versprechen. Verlässt man sich auf deren Aussagen, so kann man sehr unliebsame Überraschungen erleben. Ein Ausweg aus diesem Dilemma sind die sogennannten Audits. (3), (10)

In manchen Branchen wie zum Beispiel der Pharmazie sind Kontrollen der Lieferanten durch regelmäßige Audits sogar vorgeschrieben. Aber auch in weniger sensiblen Industrien zahlen sich wiederholte Kontrollen schnell aus. Allerdings nur, wenn Mängel sorgfältig dokumentiert und korrektive

Maßnahmen vereinbart und terminiert werden. Beim nächsten Audit sollte eine Verbesserung der Situation feststellbar sein. Ist das nicht der Fall, sollten Sanktionen angedroht werden. (10)

Da Audits aufwendig und teuer sind, hat sich vor einigen Jahren die Idee des "Shared Audit" entwickelt. Das heißt, ein Lieferant wird von mehreren Kunden gleichzeitig geprüft, wobei pro Kunde nur ein Auditor notwendig ist. Die Prüfungskommission agiert gemeinsam, wodurch die Kosten überschaubar bleiben. Eine andere Möglichkeit ist das Audit durch einen externen Berater, der seine Prüfergebnisse an mehrere interessierte Kunden weiterverkauft. Auch komplette Lieferantenqualifizierungen lassen sich auf externe Berater outsourcen. (10)

Trends

Ging der Trend vor einigen Jahren noch klar hin zur Beschaffung in Offshore-Ländern, so suchen zurzeit immer mehr Unternehmen nach Möglichkeiten, ihren Bedarf durch Zulieferer in der eigenen Region zu decken. Qualitätsprobleme, Nichteinhaltung von Menschenrechtsvereinbarungen und auch Insolvenzen haben viele aufgeschreckt. In Europa haben 85 Prozent der Nutzer der Sourcingplattform www.MFG.com in den ersten fünf Monaten des

Jahres 2010 speziell nach Lieferanten mit europäischen Standorten gesucht. (11)

Fallbeispiele

Einkäufer in der metall- und kunststoffverarbeitenden Industrie können die kostenlose Suchmaschine Techpilot nutzen. Die frei zugängliche Datenbank hat 14 500 Zulieferer im In- und Ausland mit Kontaktdaten, Informationen zum vorhandenen Maschinenpark, Mitarbeitern, Standorten und Fertigungskompetenzen gespeichert. Der Interessent definiert auf dem Portal, welche Technologiegruppe, Fertigungstechnologie und Werkstoffart er sucht und erhält dann auf Knopfdruck eine Reihe geeigneter Lieferanten. Der Einkäufer kann daraufhin sofort eine entsprechende Anfrage oder Ausschreibung versenden. (12)

Die Qualified Persons Association, eine Institution der europäischen Compliance Academy der Pharmaindustrie, hat eine Datenbank entwickelt, in der sich Interessenten an einem Shared Audit bei einem bestimmten Lieferanten zusammenfinden können. Die Audit-Kosten lassen sich auf diese Weise bis zu 50 Prozent senken. (13)

Weiterführende Literatur

(1) Einkauf als zentrale Unternehmensverantwortung
Der Sextant der Strategen
aus BA Beschaffung aktuell, Heft 10, 2010, S. 20

(2) Global Sourcing Die Gesamtkosten im Griff
aus BA Beschaffung aktuell, Heft 10, 2010, S. 38

(3) Gerechtigkeit
aus HANDELSJOURNAL NR. 009 VOM 06.09.2010
SEITE 018

(4) Zielgerichtete Lieferantenqualifizierung setzt durchdachte Einkaufsstrategie voraus Optimierter Einkauf, innovative Zulieferer
aus BA Beschaffung aktuell, Heft 9, 2010, S. 48

(5) Reducing Supplier Risk
aus Strategic Finance 01.06.2010, Vol. 91, Issue 12, p. 41

(6) B2B-Marktplätze Electronic Sourcing optimiert operative Beschaffung
aus MM MaschinenMarkt Nr. 040 vom 04.10.2010
Seite 072

(7) Chance Einkauf
aus CHEManager 18/2010

(8) Einkauf im 21. Jahrhundert
aus CHEManager 10/2010

(9) Das Diehl-Lieferanteninformationssystem (DLIS)
Kostenpolster aufspüren
aus BA Beschaffung aktuell, Heft 2, 2010, S. 28

(10) Trend 2010: Third Party Audits
aus CHEManager 5/2010

(11) MFG.com-Studie
aus Elektronikpraxis Nr. 014 vom 26.07.2010 Seite 008

(12) Techpilot Online-Portal startet umfassende
Lieferanten-Suchmaschine
aus MM MaschinenMarkt Nr. 038 vom 20.09.2010
Seite 058

(13) QPSHARE: a new way to share audits: shared audits of suppliers offer several advantages, but networking to conduct such an audit can be challenging. To facilitate this, the European Qualified Person (QP) Association has developed a database tool for its members that can help users to identify other QPs interested in performing a shared audit of a supplier. TALKING POINT
aus Pharmaceutical Technology Europe, United Kingdom (PHARTECE), 22 (2010) 6

Impressum

Informationen für das Sourcing - Preis allein reicht nicht mehr

Bibliografische Information der deutschen Nationalbibliothek

Die Deutsche Nationalbibliothek verzeichnet diese Publikation in der deutschen Nationalbibliografie; detaillierte bibliografische Daten sind im Internet über http://dnb.d-nb.de abrufbar.

ISBN: 978-3-7379-1114-6

© 2015 GBI-Genios Deutsche Wirtschaftsdatenbank GmbH, Freischützstraße 96, 81927 München, www.genios.de

Alle Rechte vorbehalten. Dieses Werk ist einschließlich aller seiner Teile – z.B. Texte, Tabellen und Grafiken - urheberrechtlich geschützt. Jede Verwertung außerhalb der Grenzen des Urheberrechtsgesetzes bedarf der vorherigen Zustimmung des Verlags. Dies gilt insbesondere auch für auszugsweise Nachdrucke, fotomechanische Vervielfältigungen (Fotokopie/Mikroskopie), Übersetzungen, Auswertungen durch Datenbanken oder ähnliche Einrichtungen und die Einspeicherung und Verarbeitung in elektronischen Systemen.